Moos

Dimora nobiliare ad Appiano
con pitture tardo-gotiche

Helmut Stampfer

Traduzione:
Erica Degli Angeli
Roberta Ravignani

T0161676

SCHNELL † STEINER

Veduta d'insieme, disegno di Johanna von Isser Großrubatscher (1802–1880)

Posizione

A sud-ovest di Bolzano, a circa 200 metri al di sopra della val d'Adige, si estende l'Oltradige con numerosi villaggi e costruzioni isolate, le quali, sulla base delle vecchie circoscrizioni giudiziarie, formano i comuni di Appiano e Caldaro. Oltre a essere da sempre famosa per la viticoltura, la zona è stata soprannominata "il paradiso dell'aristocrazia tirolese" per il gran numero di rocche, castelli e dimore che ospita. Già nel 1846 Johann Jakob Staffler aveva scritto *Appiano era uno dei luoghi di residenza prediletti dell'aristocrazia. Numerose famiglie nobili costruirono qui le loro abitazioni e i loro castelli, su un terreno fertile e sotto un cielo mite, dove la natura si mostra generosa.*

Gli assolati terrazzamenti tra la Mendola e il lago di Caldaro iniziarono già in età preistorica ad attirare coloni e da allora il loro fascino si è mantenuto inalterato nel tempo. Sopra San Michele, e da lì non visibile, si estende, a sud-ovest della caratteristica chiesa del Calvario, un terrazzo leggermente pendente verso sud, finora in gran parte risparmiato da nuove costruzioni. Al di sotto della strada si può notare un gruppo di edifici composto da case di abitazione, fabbricati di servizio e una cappella che, anche se non fu mai fortificato, Marx Sittich von Wolkenstein definì già intorno al 1600 Castel Moos. Originariamente impiegato per l'intero complesso architettonico, dopo la ripartizione dello stesso tra diversi proprietari, il nome viene usato a partire dalla metà del XIX secolo circa con riferimento esclusivo alla residenza signorile nell'angolo sud-ovest dell'ampio complesso, un tempo circondato da mura di cinta. Il nome proviene da un laghetto situato nelle vicinanze, che Marx Sittich von Wolkenstein cita espressamente dopo aver elencato i bei possedimenti e le entrate del castello. In un disegno realizzato negli anni Quaranta del XIX secolo, Johanna von Isser-Großrubatscher immortalò il laghetto in posizione sud-est sotto il castello insieme ad anatre e mucche.

Storia

La parte più antica di Castel Moos, la casatorre in corrispondenza dell'angolo nord-est, finora è stata datata all'unanimità alla metà del XIII secolo. Sulla base della recente datazione dendrocronologica di diverse travi del soffitto, ora è possibile far risalire l'origine del nucleo agli anni 1299/1303. Con molta probabilità il nucleo del castello coincide con la *domus murata*, ovvero l'edificio costruito totalmente in muratura nel quale Wolflin von Firmian si stabilì nel 1309 e per il quale aveva corrisposto il censo al capitolo del duomo di Trento. I signori Firmian, che come documentato assunsero il ruolo di ministeriali dei vescovi di Trento dal 1144, avevano ripreso il nome dalla fortezza *Formicaria*, il più importante castello vescovile nella conca di Bolzano, che nel tardo XV secolo, dopo il suo acquisto da parte del conte del Tirolo Sigismondo, detto il Danaroso, prese in suo onore il nome tedesco di Sigmundskron ("corona di Sigismondo").

L'ipotesi precedente, secondo la quale Castel Moos fu costruito nel 1356 da Heinrich von Rottenburg, non trova pertanto alcun riscontro.

Il castello restò di proprietà dei Firmian von Moos fino all'estinzione della famiglia verso la fine del XV secolo. L'ultimo discendente maschio, il cavaliere Georg von Firmian zu Moos e Hocheppan, era nel 1470 capitano di Livinallongo. Tra il 1468 e il 1489 egli comparve più volte nei documenti del principato vescovile di Trento in occasione della presentazione di sacerdoti per l'altare di San Leonardo da lui

Stemma della famiglia Schulthaus sopra la porta d'ingresso

Edificio secondario visto da est, edificio principale a sinistra sullo sfondo, disegno di J. C. 1873
(collezione Walther Amonn)

finanziato e donato alla parrocchiale di San Paolo ad Appiano. Secondo gli scritti della famiglia Firmian, la sua morte avvenne nel 1492. A lui si devono con grande probabilità le pitture tardo-gotiche di Castel Moos. Christine, figlia di Georg, si unì in matrimonio con Jakob von Spaur, che ereditò il castello diventandone il proprietario successivo.

Quasi un secolo dopo, intorno al 1580, Johann Wilhelm von Spaur, che perse la vita durante le guerre contro gli Ottomani nel 1600 come ultimo della sua famiglia cedette Castel Moos al capitano Christoph Tanner von Tann. Anch'egli combatté contro gli Ottomani e cadde nel 1595 durante l'assedio di Esztergom in Ungheria. Da lui il ca-

stello passò a Wilhelm von Lanser; nel 1608 i fratelli Leonhard e David von Lanser furono elevati al rango nobiliare con l'aggiunta del titolo "von Moos". Sebbene i Lanser non possedettero il castello per lungo tempo, ad Appiano si diffuse il detto "vive come un Lanser a Moos", intendendo una persona che ha denaro in abbondanza e conduce una vita sempre spensierata (Granichstädten-Czerva).

In seguito all'unione in matrimonio, intorno al 1615, di Hans Caspar von Schulthaus e Maria Salome von Lanser, Castel Moos passò in mano a questa famiglia. Nel 1653 i fratelli Christoph Wilhelm e Julius von Schulthaus, nonché le loro sorelle, ricevettero il permesso di incorporare nel loro stemma

Edificio principale e due edifici secondari visti da sud, disegno di Ernst Lösch, intorno al 1900 (collezione Walther Amonn)

quello della famiglia estinta dei Firmian von Moos. Con questo stemma ampliato Joseph Anton von Schulthaus appose nel catasto teresiano del 1775 il suo sigillo sulla dichiarazione di proprietà, nel quale la tenuta è così descritta: *Castel Moos con stube, cucina, stanza, cantine, torchio, fienile, stalle e cortile, contrassegnato con il n° 113. Sono comprese, inoltre, due case per i fittuari, anch'esse con stube, cucina e stanza, che però non portano un numero in quanto pertinenze del castello.* Vi erano poi anche quattro orti, *tutti cinti da un muro.* Dopo aver elencato sei terreni, viene citato alla fine *un terreno non coltivato che si presta per l'uccellagione denominato il "gschlegne bichel" in zona di San Paolo,* un interessante riferimento alla cac-

cia agli uccelli praticata ad Appiano. A quei tempi la proprietà collettiva e indivisa degli edifici era detenuta da Joseph Anton von Schulthaus e dai suoi tre fratelli, i nomi dei quali non sono citati. Secondo un'altra fonte, egli aveva tre sorelle, Rosa, Antonia e Leonore, e un fratello, Karl. Joseph Anton era invece l'unico proprietario della cappella di Santa Caterina situata più in basso a est del castello. Oberato dai debiti, Ignaz Benedikt von Schulthaus (1818–1901) si vide costretto a cedere Castel Moos ai propri creditori intorno alla metà del XIX secolo.

La proprietà fu smembrata e andò visibilmente in rovina nell'arco di circa un secolo, finché non fu acquistata nel 1956 da Walther Amonn. Il cele-

Veduta da est, acquarello di Hans Weber-Tyrol (collezione Walther Amonn)

bre commerciante e mecenate d'arte di Bolzano fece restaurare in modo esemplare la struttura dall'architetto Erich Pattis in collaborazione con Nicolò Rasmo, soprintendente alle Belle Arti di Trento. Particolare attenzione fu accordata alla preservazione del "valore dell'antico". I lavori si protrassero per diversi anni e culminarono nel ritrovamento e nel restauro di pitture parietali tardo-gotiche. Al contempo le stanze completamente spoglie furono arredate gradualmente e accuratamente con oggetti provenienti dalle ricche collezioni del proprietario. Nel 1982 egli incorporò Castel Moos nella Fondazione Walther Amonn da lui istituita con lo scopo di conservare l'edificio e i suoi arredi, utilizzarli a fini culturali e renderli accessibili al pubblico. Nella primavera del 1985 Castel Moos aprì le proprie

porte, presentandosi come un museo piccolo ma ben curato, che merita di essere visitato sia per la struttura architettonica originale sia per il suo allestimento. Su richiesta della Fondazione Walther Amonn, nel 2014 il Südtiroler Burgeninstitut si è dichiarato disposto ad assumere l'amministrazione e la gestione di Castel Moos.

Storia della costruzione

La muratura, non coperta da intonaco su ampie parti dell'edificio, e le giunture chiaramente visibili tra le singole parti del complesso facilitano le osservazioni di tipo storico-costruttivo che hanno trovato espressione nella letteratura scientifica relativamente presto. Nel 1922 Josef Weingartner constatò l'esistenza

Veduta da ovest

di una *dimora a forma di torre* a cui nel 1929 ricollegò le due basse monofore sul lato est. Martin Rudolph-Greiffenberg, che esaminò la costruzione nel 1942, la definì *originariamente una torre nobiliare con funzione abitativa risalente al primo Medioevo, ampliata mediante due annessi*. Infine, nel 1965, Mathias Frei pubblicò un rilievo della costruzione dell'architetto Erich Pattis comprendente quattro fasi costruttive.

Tuttavia è stato possibile fare chiarezza sulle diverse fasi costruttive solo grazie all'indagine edilizia mirata condotta da Martin Mittermair e Christiane Wolfgang nell'inverno del 2015/16 su incarico del Südtiroler Burgeninstitut e alle dendrodatazioni di Kurt Nicolussi. Nei seguenti passaggi sono ripresi in sintesi i risultati di tale studio, non ancora pubblicati ma gentilmente messi a disposizione.

Nell'angolo nord-est si trova una casatorre dendrodatata agli anni 1299/1303 i cui lati misurano 8,2 x 7,3 m e presentano strati di pietra regolari con spesse fughe di malta. Di questo nucleo fanno parte le due monofore al primo e al secondo piano del lato est, nonché un'altra mezza finestra analoga sul lato nord, di cui l'altra metà fu eliminata per fare spazio alla porta a sesto acuto aperta in un secondo momento. Il piano terra della **casatorre**, originariamente accessibile solo mediante una scala interna e oggi attraverso una porta con arco a tutto sesto ricavata successivamente a ovest, mostra nel muro sud una fessura risalente al periodo della costruzione e a nord una finestra più recente. Il livello originario del pavimento fu rialzato allorché, in un secondo momento, il piano interrato fu

7

Finestra della cucina con pietra per lo scarico dell'acqua

scavato e dotato di una volta a botte. Alla torre si accedeva dal primo piano, forse nel punto in cui ancora oggi si trova la porta d'ingresso che tuttavia fu trasformata nel XVII secolo. La porta ad arco acuto scanalata, visibile dall'esterno e parzialmente murata e trasformata in finestra all'interno, collocata nel muro nord del secondo piano e che originariamente conduceva forse a un'altana, risale invece al periodo gotico. La casatorre presenta a nord, a un'altezza di circa 11 metri, una serie di teste di travi tagliate, una delle quali è collocata esattamente all'angolo nord-est. In una fotografia più antica, risalente al periodo intorno al 1900 (immagine a p. 10), si possono notare anche a est i fori rica-

vati per le travi, in seguito tamponati. Questo reperto suggerisce la presenza di una piattaforma sporgente in legno o di un altro piano ligneo. Il nucleo dell'edificio era circondato da una cinta muraria disposta a forma rettangolare, che a ovest e a est delimitava rispettivamente una corte piccola e una più grande. I resti di queste si sono conservati in parti del castello costruite successivamente e nelle mura del giardino a sud.

Dopo che nel XIV secolo erano stati costruiti degli annessi più piccoli a ovest e a sud della casatorre e la cinta muraria era stata innalzata, nel 1423 si costruì un **corpo a due piani** annesso al lato ovest del nucleo, che da una parte riempiva la superficie libera fino alle mura di cinta e, dall'altra, sporgeva verso sud oltre l'angolo sud-ovest della torre antica. Al piano terra questo includeva una stanza adibita alla lavorazione del vino, mentre al primo piano un ambiente unico con funzione abitativa, le cui finestre mostrano cornici di pietra e larghe fasce finemente intonacate e originariamente tinteggiate di bianco con resti di pitture decorative rosse. Vi si accede a metà altezza, tra primo e secondo piano, attraverso una porta ad arco acuto ricavata nel muro ovest della casatorre. Poco dopo, sul lato sud della casatorre, si costruirono delle mura attorno alla latrina originariamente di legno sviluppata su due piani, che si è conservata fino ai giorni nostri sotto forma di due piccole stanze poste l'una sopra l'altra.

Veduta da nord ▷

Edificio principale ed edifici secondari visti da sud-est, 1900 ca.

Attorno alla metà del XV secolo, anche a sud-est dell'antica casatorre fu innalzato un edificio su due piani, che sui lati est e sud presenta delle fughe bianche su intonaco al naturale. Questo annesso, al cui piano superiore si accede dal secondo piano della casatorre attraverso una porta nel muro sud e scendendo qualche gradino, era leggermente più basso della casatorre e terminava anch'esso, come si può vedere nella foto summenzionata, con fori ricavati per le travi. Attorno al 1465/70, l'ala ovest fu innalzata di un piano che a nord presenta una grande *stube* e a sud la cucina. Allo stesso tempo si divise anche il piano sotto-stante mediante una parete a traliccio in una stanza più grande sul lato sud e una più piccola sul lato nord, che in quell'occasione fu anche decorata con pitture.

Attorno al 1500 anche l'**annesso sul lato sud-est** fu dotato di un secondo piano accessibile mediante una scala semielicoidale in pietra nell'ex latrina. Il vano della scala è delimitato verso sud da un locale all'incirca delle stesse dimensioni che si apre verso la stanza d'angolo con un arco ed è sormontato da una volta a crociera, i cui costoloni intonacati sono tinteggiati nei toni del grigio, giallo e violetto. La policromia architettonica che riproduce conci di

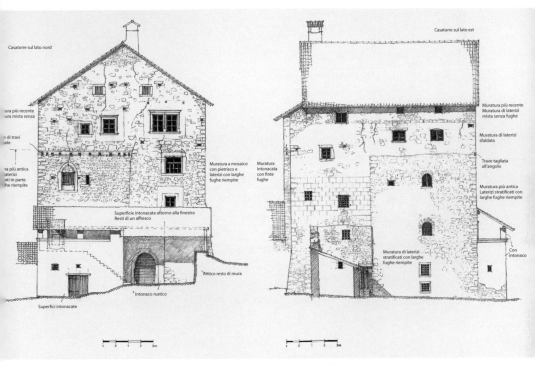

Veduta da nord e da est, rilievo del 1942, da Bauernhöfe in Südtirol 2004

diverso tipo e la fascia movimentata riportante un'iscrizione sulla parete nord sono state ripulite nel 2015, mentre un tirante in ferro inserito già in precedenza ha distrutto un'eventuale pittura sulla parete sud. Le pitture, così come le cornici smussate delle finestre nella stanza d'angolo, mostrano forme stilistiche gotiche e sono databili al più tardi intorno al 1510/20. L'iscrizione frammentaria in caratteri minuscoli «ein gescheiter Mann der ist blind» (un uomo giudizioso è cieco) fa pensare più a un vano a mo' di sporto e a uso profano che alla nicchia di una cappella, come ipotizzato da Siegfried Zadra. Probabilmente il rivestimento

ligneo tardo-rinascimentale apposto intorno al 1600 cela altri dipinti sulle pareti della stanza. Contemporaneamente alla pannellatura, nella nicchia fu sistemata una stufa rinascimentale in maiolica e lo spazio restante fu separato mediante una parete, per consentire il rifornimento della stufa dalla cucina.

Nella seconda metà del XVI secolo fu elevato il terzo piano, che a nord mostra una bifora e una monofora rettangolari, nonché una piccola finestra quadrata, tutte contornate da una cornice in pietra, mentre le due finestre a est presentano solo cornici intonacate di bianco. In questa fase prese corpo

Stanza della caccia, potere dell'amore

il tetto nella sua attuale forma, mentre il sottotetto, rimasto aperto fino al XX secolo, fu trasformato in ambienti a uso residenziale solo quando il castello passò di proprietà a Walther Amonn.

La scala esterna coperta e la trasformazione della porta d'ingresso sul lato nord risalgono a una fase costruttiva successiva, databile alla prima metà del XVII secolo. Come testimo-

niato dalla data 1631 riportata nella cornice d'intonaco di una finestra, nello stesso periodo fu probabilmente costruito anche lo stretto annesso sul lato sud. Una parte delle piccole stanze voltate ospita oggi dei locali a uso servizi, là dove un tempo si trovavano i pozzi neri; l'altra parte, rivolta a ovest, fu utilizzata nel 1942 come granaio al primo piano e come dispensa al secondo piano.

Stanza della caccia, giardino dell'amore

Percorso

La scala esterna sul lato nord conduce a un pianerottolo, dal quale si accede al primo piano della casatorre attraverso una porta rettangolare, sopra la quale è apposto lo stemma marmoreo della famiglia Schulthaus. Il pavimento in battuta di calce, il soffitto a travi sostenuto da una trave portante e la finestra munita di inferriata rivolta verso est conferiscono alla stanza un aspetto piuttosto cupo, rischiarato dai tralci delicatamente dipinti sulle pareti. Il tralcio, un *leitmotiv* della pittura decorativa gotica sia in ambito sacro sia profano, era molto amato in Tirolo. La sala nella torre del Castello Freunds-berg nei pressi di Schwaz e i dipinti nella corte del Castello Principesco di Merano, entrambi risalenti al periodo intorno al 1475, rappresentano interessanti termini di confronto provenienti dal nord e dal sud del Tirolo. Una ripida scala in legno conduce al piano superiore; a metà altezza, attraverso una porta ad arco acuto nell'angolo nord-ovest della casatorre si accede all'annesso tardo-gotico a ovest.

14/15 Stanza della caccia, veduta d'insieme

13

Stanza della caccia

La stanza, semplice e illuminata da due finestre, è decorata con una tenda dipinta al centro delle pareti sovrastata da un fregio. Lo sguardo dell'osservatore si rivolge spontaneamente verso la scena posta diagonalmente di fronte alla porta d'ingresso sul lato destro della parete sud. Osservandola più da vicino è possibile riconoscerne il tema, ovvero la guerra dei gatti e dei topi. Dietro la tenda del re dei topi si scorge una forca, alla quale un topo appende due gatti. Al centro dell'immagine sorge una rocca cinta da mura con due annessi più bassi, i cui muri esterni mostrano un intonaco a imitazione di conci, mentre dell'edificio principale è raffigurato l'interno, nel quale siede il re dei gatti. Da sinistra, dei topi cercano di prendere d'assedio il castello servendosi di una scala a pioli, difesa da un gatto armato di spada. Tre gatti incalzano i topi su una barca a remi nel fiume sul bordo inferiore della pittura. A destra sono raffigurati dei gatti in piedi come se fossero esseri umani, con lunghe lance e una mazza ferrata; uno di loro trasporta sulla schiena un cesto con i topi catturati. La scena si chiude con dei topi intenti a sopraffare un gatto steso a terra, un indizio che i topi sono riusciti a volgere a loro favore le sorti della guerra.

Già nel 1965 Mathias Frei interpretò l'insolita rappresentazione come motivo del mondo alla rovescia, ripercorrendo le fonti letterarie fino al tardo Medioevo e a Boccaccio. Harald Wolter-von dem Knesebeck, il quale nel 2005 si cimentò non solo con que-

Stanza della caccia, guerra dei gatti e dei topi

sta scena, ma con l'intero programma iconografico della stanza, porta come termini di paragone una serie di scritti e immagini dell'Antico Egitto, una pittura parietale non conservatasi ma attestata e risalente al periodo romano e, infine, la raffigurazione del XII secolo nell'ex cappella del castello di Pürgg in Stiria. Egli documentò inoltre l'esistenza di due modelli grafici, ovvero una silografia per la guerra dei gatti e dei topi e un'incisione su rame per la scena successiva, entrambe risalenti all'inizio dell'ultimo quarto del XV secolo. Questo consente quindi di comprendere anche la scena a sinistra della finestra: essa raffigura una donna su un animale da sella con un uccello in mano che tiene legati a una corda tre uomini con ber-

retti da buffone e presenta un'iscrizione frammentaria su un nastro in movimento. Viene qui tematizzato *il potere seduttivo delle donne o dell'amore, ovvero il potere esercitato dalla bella donna, o da una personificazione della forza dell'amore, sull'uomo, suo schiavo d'amore* (Wolter-von dem Knesebeck). L'iscrizione, secondo la quale l'amazzone con l'uccello cattura numerosi buffoni e scimmie, si rivela calzante. Sulla stessa parete, separato da una finestra, i cui intradossi presentano fiori in vaso, si può notare un giardino dell'amore, purtroppo in cattivo stato di conservazione, con fontane e diverse giovani coppie, delle quali una gioca a scacchi e un'altra va a passeggio. Sul lato ovest della parete nord adiacente, sono raffigurate due donne intente a uscire da una costruzione simile a un castello e a muoversi in direzione del giardino dell'amore. A destra della finestra, una casa dalle spesse mura con intonaco a imitazione di conci, forse identificabile in Castel Moos, si offre come punto di partenza per una battuta di caccia allo stambecco. Gli animali vengono spinti con lunghi bastoni verso il dirupo e quindi abbattuti. La ridda delle scene di caccia prosegue sulla parete est con una grande raffigurazione della caccia al cervo, che essendo il più nobile tipo di caccia viene rappresentato in modo particolarmente dettagliato. La metà sinistra della parete sud mostra, fino alla porta incorniciata da due stipiti di legno, una caccia all'orso difficilmente riconoscibile. L'uomo

Stanza della caccia, caccia all'orso

Stanza della caccia, uomo e donna sopra la porta sud

Stanza della caccia, caccia allo stambecco

e la donna raffigurati nello spazio al di sopra della porta sono stati interpretati da Wolter-von dem Knesebeck come immagine di benvenuto, a indicare il saluto da parte del padrone di casa e della sua signora, mentre Volker Hille, sulla base del movimento della mano dell'uomo, pensa a una scena tratta dalla popolare *Schwankliteratur* (letteratura burlesca). In effetti, l'uomo si allontana dalla donna e si tiene il mento con la mano destra in atteggiamento pensieroso. Poiché l'estremità inferiore è andata perduta, il contenuto e il messaggio dell'immagine non si prestano a un'interpretazione univoca.

La superficie al di sopra della porta d'ingresso, visibile solo una volta entrati nella stanza, presenta un motivo iconografico tanto raro quanto straordinario, ovvero una singolare latifoglia su cui crescono organi genitali maschili. Donne nude colgono e raccolgono gli ambiti frutti. Mentre a sinistra in secondo piano una donna ne regge un cesto pieno sulla testa e altri sotto il braccio, in primo piano altre due donne stanno litigando a causa dei frutti e si scagliano l'una

Stanza della caccia, albero fallico

contro l'altra con dei bastoni. Una pittura parietale molto simile, staccata da Castel Lichtenberg (Montechiaro) nella val Venosta nel 1908 e conservata presso il Tiroler Landesmuseum Ferdinandeum di Innsbruck, potrebbe aver funto da modello per Castel Moos. Risalente al periodo attorno al 1400, l'affresco decorava una stanza del palazzo dove, insieme ad altre scene, celebrava il potere dell'amore. L'albero fallico o albero dei miracoli rappresentato a Castel Moos si riallaccia ai motivi del potere dell'amore e del mondo alla rovescia e tematizza le presunte aberrazioni della sessualità femminile da un punto di vista maschile e misogino. Sempre che l'interpretazione dell'immagine di benvenuto posta sopra l'altra porta sia corretta, questa pittura parietale si pone in contrapposizione all'unione matrimoniale equilibrata e determinata dalla figura maschile. Una terza pittura parietale con questo motivo iconografico, finora l'ultima di cui si è a conoscenza, è stata portata alla luce qualche anno fa presso una fontana a Massa Marittima, che non a caso è chiamata *fonte dell'Abbondanza*. Data la sua collocazione in un luogo pubblico, il grande affresco del 1265 va interpretato in un altro modo, ovvero come simbolo di fertilità.

Camera da letto, veduta d'insieme

Mentre in passato la decorazione pittorica della stanza della caccia veniva datata al primo quarto del XV secolo, i modelli grafici permettono di collocarla temporalmente intorno all'anno 1470. L'impressione di una *camera picta*, ovvero totalmente decorata con pitture, è completata dai delicati tralci su fondo bianco che ornano le travi e le assi del soffitto. Due semplici cassapanche poste lungo la parete sud rappresentano un mobilio sobrio di età contemporanea.

L'**importanza storico-culturale** attribuita alle pitture compensa abbondantemente la loro modesta qualità artistica. Se da una parte le scene di caccia, che costituiscono pressoché la metà del programma iconografico, si presentano come immagini consuete, dall'altra parte il potere dell'amore e l'albero fallico si distinguono per la loro rarità. Oltre a raffigurare seriamente tre scene di caccia si allude scherzosamente ai rischi a cui si espone un uomo quando diventa succube di una donna. Inevitabilmente il suo cammino lo condurrà dal ruolo di buffone a quello di oggetto sessuale fino ad arrivare al mondo alla rovescia in generale. Di fronte a queste insidie, *gli uomini a caccia creano ordine e domano la natura selvaggia insita nelle bestie* (Wolter-von dem Knesebeck). Il

Camera da letto, letto a baldacchino del 1692

fatto che sia la guerra dei gatti e dei topi, in cui i gatti in via eccezionale non cacciano, sia la donna personificatrice del potere dell'amore, che, invece di darsi alla caccia col falcone in sella a un cavallo, secondo l'iscrizione va a caccia di uomini con un cuculo, alludano a una caccia al di fuori di ogni schema, incrementa il fascino di un programma iconografico basato sull'incontro di elementi che si incrociano. Le immagini non lasciano spazio a dubbi sul fatto che questa stanza fosse usata da uomini del ceto nobile per trascorrere momenti di convivialità. La collocazione al primo piano, dove ci si aspetterebbe di trovare la *stube* e la cucina, è alquanto insolita poiché le stanze riservate a una cerchia prescelta di visitatori erano per lo più posizionate nelle aree più appartate delle dimore. Il vano scala consente, tuttavia, di accedere direttamente alla *stube* come principale stanza avente funzione abitativa senza passare per la stanza della caccia.

La porta sulla parete sud dà accesso alla stanza attigua che originariamente doveva essere adibita a **camera da letto** e che per questo fu arredata da Walther Amonn con un letto a baldacchino del 1692 e una cassapanca intarsiata risalente approssimativamente allo stesso periodo. Due porte conducono alla stretta ala annessa a sud, mentre un'altra porta dà accesso a est a un piccolo vano a pianta quadrata, posto a un livello più basso. Da qui si prosegue verso la stanza sud-est, situata sullo stesso livello della precedente e le cui pareti sono interamente dipinte.

Stanza sud-est al primo piano

Sopra uno zoccolo dipinto di conci di pietra viene ritratto in modo illusionistico un parapetto di legno con sporgenze e rientranze. La porticina di legno finemente dipinta di una nicchia vera, posta a sinistra accanto alla finestra verso est, perfeziona l'effetto illusionistico. Al di sopra del parapetto si possono ammirare tralci dalle linee movimentate ricchi di foglie e frutti colorati. Su ogni parete sono ritratti diversi tipi di piante; a est è raffigurato un groviglio di viti dalla forma tubolare, carichi di foglie e grappoli tra cui svolazzano piccoli uccelli. Di fronte, i rami di una quercia ricchi di ghiande dominano il campo; nella balaustra in legno sottostante è dipinta la cornice di pietra grigia di una porta di ferro. Quest'ultima si apre su un piccolo vano a ovest privo di finestre, di cui non si conosce la funzione originaria e nel quale oggi trovano posto vetrine con oggetti preziosi appartenenti alle collezioni di Walther Amonn. Più a sud si distingue, al di sopra della porta che conduce alla stanza di passaggio, un unicorno con un barbino, purtroppo rovinato dall'arco a sesto ribassato della porta modificato in seguito, il cui spigolo destro presenta una decorazione pittorica originale, mentre a sinistra di questo fino all'angolo sud-ovest la decorazione pittorica manca completamente.

Sulla parete sud sono ritratti fitti tralci e frutti di melograno tra cui appare un cacciatore elegantemente raffigurato di schiena. Egli indossa un farsetto aderente, dei calzoni bicolori e un cappello a falda larga. Nella mano

Stanza sud-est al primo piano, parete est

Nicchia per un lume, chiusura lignea dipinta in maniera illusionistica

Dettaglio delle pitture murali, parete ovest

Dettaglio delle pitture murali, parete sud

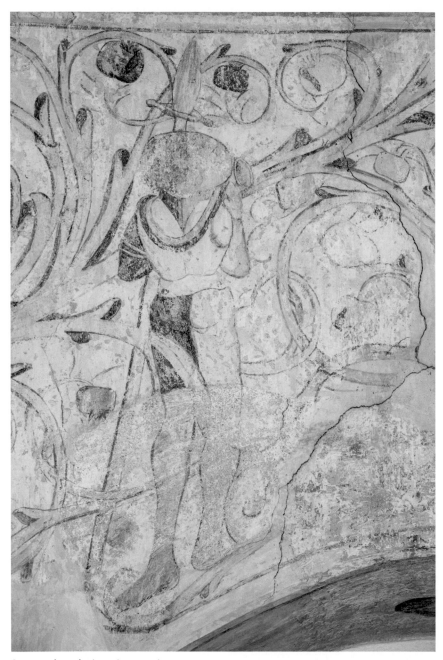

Stanza sud-est al primo piano, cacciatore

Stanza sud-est al primo piano, parete nord

sinistra tiene una lancia da caccia dotata di un astile, con la mano destra si porta un corno da caccia alla bocca. Nella parete nord, una porta posta leggermente più in alto e incorniciata da un bastone ramificato dipinto, attorno al quale si avvolge un nastro, riconduce nell'atrio del secondo piano. Il battente della porta con i suoi ornamenti rinascimentali, le bandelle e la serratura risalgono al XVII secolo. Tra il parapetto dipinto e il soffitto, tralci fogliati, pere e mele occupano le superfici su entrambi i lati della porta.

Un nastro ornamentale bianco e nero delimita la parete dal soffitto a travi che presenta delicati tralci su sfondo marrone. Come se l'osservatore si trovasse su un'altana completamente isolata con un parapetto di legno, i tralci dipinti portano la natura circostante dentro il castello e testimoniano così di un nuovo rapporto con il paesaggio. Solo la figura del cacciatore riprende il tema della stanza della caccia. Nel 1942 il locale era destinato a cucina verso sud, a atrio verso nord. Walther Amonn fece demolire la divisoria e ripristinare l'unità dell'ambiente.

Atrio al secondo piano della torre antica

Oltre ai delicati tralci che decorano questa stanza così come quelle al piano inferiore, qui sono presenti anche figure dipinte. Sulla parete ovest si possono ammirare, su entrambi i lati della porta della *stube* posta in posizione rialzata, due finestre con inferriata dietro le quali sono recluse bestie selvagge. L'immagine a sinistra è stata completamente ridipinta, mentre quella a destra, a cui purtroppo si è sovrapposta la scala di legno costruita successivamente per accedere al terzo piano, si presenta molto meglio e lascia intravedere persino la gabbia in cui si trova il leone. Sulla stessa parete, al di sopra della scala che sale dal basso, appare la figura sovradimensionale di San Cristoforo con Gesù

Atrio al secondo piano della torre antica

Atrio al secondo piano, bestia in una gabbia

Bambino appoggiato sulla sua spalla sinistra e un albero verdeggiante nella mano destra. Il santo è raffigurato solitamente sui muri esterni delle chiese, ma anche in alcuni interni di dimore, come ad esempio nella residenza Untermoosburg a Coldrano.

La parete nord, lungo la quale la scala sale, mostra due uomini che accompagnando il visitatore con i loro movimenti e gesti indicano verso l'alto. Quello più in basso è calvo, mentre quello più in alto, che è rivolto verso il primo, ha una folta chioma di capelli e barba. Negli intradossi della porta gotica trasformata in finestra si

◁ Atrio al secondo piano, San Cristoforo e due uomini nei pressi della scala

individuano altre due figure in piedi, delle quali tuttavia si è conservata solo la parte superiore. Entrambi indossano dei copricapo neri, l'uomo a sinistra ha una veste rossa, quello a destra una veste bianca con mantello nero e cappuccio. Una fascia riportante un'iscrizione illeggibile si sviluppa a semicerchio attorno alla testa della figura di cui manca una parte e che risulta quindi gravemente danneggiata. Lungo la parete est, la scala originaria conduceva al sottotetto, come si deduce chiaramente dal calco dei gradini. Dai tralci rossi e verdi sottostanti fa capolino un piccolo uomo che, dato il berretto a punta arrotolato, dovrebbe essere un buffone. Anche a sinistra della ex scala è presente un buffone con un cavalluccio di legno. Ad ecce-

31

Atrio al secondo piano, cassapanca del 1551 con stemmi di alleanza Vintler-Mitterhofer

zione di San Cristoforo, gli uomini e gli animali dietro le inferriate appartengono al mondo dei buffoni, dei vagabondi e dei burloni. Finora non è stato possibile fornire un'interpretazione più precisa, non da ultimo a causa del cattivo stato di conservazione delle immagini.

Tutte le pitture parietali furono portate alla luce solo attorno all'anno 1960, ad eccezione della gabbia a sinistra a cui potrebbe fare riferimento una nota epistolare di Walther Amonn del 1959, secondo la quale il precedente proprietario avrebbe fatto realizzare delle imitazioni di pitture parietali in una stanza per indurre chiaramente all'acquisto dell'edificio. Le pitture furono recuperate al meglio delle possibilità del tempo, tuttavia fu im-

possibile evitare la perdita di parti della pellicola pittorica a causa della pittura a calce scarsamente connessa. Il restauro, eseguito per mano di altri, si protrasse fino al 1964; il nuovo proprietario, esperto di arte, richiese solo dei ritocchi minimi. Non omogenea si presenta la qualità artistica dei dipinti che sono riconducibili a diversi pittori di una bottega con sede presumibilmente a Bolzano. Il committente potrebbe essere stato molto probabilmente il cavaliere Georg von Firmian e il periodo di realizzazione gli anni attorno al 1470.

Su una cassapanca del 1551 riportante gli stemmi di Balthasar von Vintler e di Elisabeth Mitterhofen, due famiglie nobiliari del Tirolo, è posta una scultura in legno tardo-gotica raffigurante

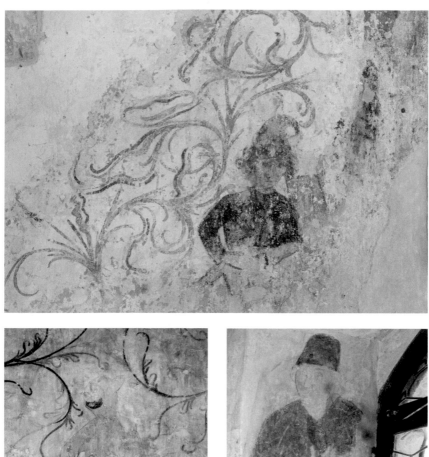

Atrio al secondo piano, tralci dipinti con due figure sulla parete est e un uomo nell'intradosso della finestra sulla parete nord

Cristo Salvatore con in mano il globo la cui policromia purtroppo è andata perduta. A meritare particolare attenzione sono altre due cassapanche, una tardo-gotica e una del 1682, così come delle sculture di legno barocche che rappresentano San Rocco e Cristo dolente tra Maria e San Giovanni.

Stube

Dall'atrio una scala ad angolo, il cui parapetto di legno è dotato di un corrimano intagliato, conduce alla porta con architrave a schiena d'asino, che era stata ricavata nella parete ovest della torre antica per consentire l'accesso alla *stube* nell'ala annessa. Questa grande e accogliente stanza a funzione abitativa dotata di una stufa in muratura colpisce per il soffitto lievemente inarcato e composto di assi e travi posati in senso longitudinale e ancorati a telai sui lati corti. Le travi sono ornate con intagli a forma di treccia o di treccia con fili di perle, che ritroviamo anche su tre lati delle due finestre. Sotto ogni trave i due telai sono fissati con grandi chiodi decorativi. Le assi disposte in senso orizzontale sulle pareti mancavano nel 1942, escluso il rivestimento delle nicchie delle finestre. Walther Amonn le fece installare nuovamente, dispose la rimozione di una parete divisoria più recente e arredò la stanza con cura. Su sua richiesta la finestra a nord, che si distingue per la straordinaria grandezza, fu dotata di un montante di pietra centrale che nel 1942 non c'era più.

Non ci è dato sapere come mai la *stube* – il cuore della dimora – sia stata collocata al secondo piano e non al primo come era consuetudine. Inoltre l'insolito posizionamento a nord-ovest – la *stube* si trova solitamente in uno degli angoli a sud delle residenze – è un'ulteriore dimostrazione del fatto che l'edificio annesso alla torre antica a sud già esisteva quando l'ala

Stube gotica, veduta d'insieme

ovest fu innalzata di un piano. La di-
mensione della *stube*, il soffitto realizzato con maestria artigianale e i sedili
posti ai lati delle finestre sottolineano
il carattere della cultura abitativa del
ceto nobile, sebbene nel tardo Medioevo la *stube* fosse ampiamente diffusa
in Tirolo anche nelle abitazioni bor-

Particolare del soffitto

36/37: Cucina ▷

Cucina, focolare aperto con camino

ghesi e contadine. Il soffitto è stato datato finora attorno al 1500, tuttavia potrebbe anche risalire al 1470 circa dopo l'aggiunta di un piano al corpo ovest e in contemporanea con le pitture parietali commissionate da Georg von Firmian.

Due piccoli armadi gotici ornati con intagli e una cassapanca del 1678 riccamente decorata con aquile bicipiti pirografate così come maschere intagliate e un crocifisso barocco collocato nell'angolo delle orazioni danno l'impressione che la stanza sia tuttora abitata.

Cucina

Essendo la principale stanza abitativa della casa riscaldabile senza l'emissione di fumi, la *stube* è sempre collegata alla cucina da cui si rifornisce la sua stufa. Anche a Castel Moos la cucina è adiacente alla *stube* e occupa la metà sud del secondo piano dell'ala ovest. Il focolare aperto con un vecchio camino è posizionato nell'angolo sud-est, il fumo della stufa della *stube* doveva quindi venire convogliato nella canna fumaria lungo la parete est. Le dimensioni insolite per una cucina e la parete sottile che la separa dalla *stube* non consentirono di dotarla di una volta, cosa che divenne successivamente la norma per motivi di sicurezza legati al fuoco. Sotto la

Stanza sud-est al secondo piano

Stanza sud-est al secondo piano, gabbia per criceti del 1903

Stanza sud-est al secondo piano, iscrizione gotica nella nicchia

finestra all'angolo sud-ovest, in posizione speculare al focolare aperto, si è conservata la pietra originaria con il foro per lo scarico dell'acqua. Mentre da una parte l'acqua doveva venire trasportata faticosamente al secondo piano, dall'altra parte poteva poi essere scaricata facilmente all'esterno attraverso questa apertura. I numerosi arnesi e strumenti collezionati da Walther Amonn consentono di ricreare le scene di vita che si svolgevano in passato in questa stanza.

Dalla cucina si esce attraverso una porta con arco a tutto sesto ricavata nella parete est e si accede a un piccolo ambiente. La cornice di pietra con uno scudo triangolare sulla chiave di volta, che presenta un piccolo disco in rilievo, forse uno stemma, ha chiaramente origini più antiche rispetto all'edificio annesso a ovest ed è probabilmente stata spostata qui, forse dall'ingresso originario della casatorre. Da questo disimpegno si accede a sinistra al pianerottolo dell'atrio che conduce alla porta della *stube*, mentre andando diritti e salendo alcuni gradini si giunge alla stanza sud-est al secondo piano.

Stanza sud-est al secondo piano

Questo ambiente è illuminato da due finestre contornate di pietra smussata; le pareti furono rivestite di pannelli lignei rinascimentali attorno al 1600. Contestualmente alla trasformazione di questa stanza in *stube*, nella nicchia voltata a ovest fu sistemata una stufa di maiolica che, dopo il rimpicciolimento della nicchia, poteva ugual-

mente venire rifornita dalla cucina. Questa trasformazione ha compromesso seriamente le pitture tardo-gotiche nella nicchia , delle quali oggi si possono ancora ammirare solo scarni resti attorno ai costoloni intonacati della volta e una fascia movimentata con frammenti di un'iscrizione. È possibile ipotizzare che anche le altre pareti coperte dalla pannellatura presentassero delle pitture.

Piano terra dell'ala ovest

Piano terra dell'ala ovest

Il piano terra è composto da una sola grande stanza che originariamente era adibita alla lavorazione del vino. In grandi botti si effettuava la fermentazione sulle vinacce. Nella pianta del Castello risalente al 1942 è riportata la parola tedesca «Torggl», che allude al torchio, al tempo già non più presente, ma che in passato era probabilmente collocato qui accanto alle botti. Il massiccio soffitto a travi risalente al periodo della costruzione di questo corpo si appoggia su una trave portante che è sorretta da un montante ligneo con contraffissi. Questo ambiente suggestivo e dalle proporzioni armoniose, in cui sono conservati alcuni quadri prestigiosi della collezione di Walther Amonn, viene usato anche per allestire mostre.

Walther Amonn

Walther Amonn, busto di Hans Plangger
(collezione Walther Amonn)

Walther Amonn, nato a Bolzano nel 1898, crebbe in una famiglia di commercianti benestanti. A 18 anni fu chiamato alle armi: partecipò alla prima guerra mondiale, raggiunse il fronte sulle Dolomiti e fu fatto prigioniero dall'esercito italiano. Dopo gli studi universitari a Lipsia e Monaco, nel 1923 entrò nell'azienda paterna insieme al fratello Erich. Nell'ambito della cerchia intorno al canonico Michael Gamper si impegnò a favore della minoranza sudtirolese minacciata dal fascismo. Al termine della guerra fondò insieme al fratello Erich la Südtiroler Volkspartei (Partito popolare sudtirolese). Per breve tempo fu viceprefetto della Provincia di Bolzano, dal 1948 al 1952 rivestì il ruolo di assessore alle finanze del Comune di Bolzano e fino al 1956 di membro del governo regionale e del consiglio provinciale. Sin dall'inizio si distinse come grande promotore e mecenate di giovani artisti, ma si impegnò in pari misura anche per la conservazione di castelli e monumenti antichi. Tra i progetti che gli stettero particolarmente a cuore si annoverano il recupero di Castel Trostburg e l'apertura del Museo provinciale del vino. Dal primo dopoguerra pubblicò numerosi libri impreziositi da decori artistici, opere letterarie e libri di storia dell'arte. Fu un committente appassionato e lungimirante tanto che si fece costruire ville sul lago di Garda e a capo Circeo e dispose il restauro delle case della ditta Amonn in piazza del Municipio di Bolzano e Castel Moos ad Appiano. Tanti sono stati i riconoscimenti ricevuti durante la sua vita, tra cui il titolo di membro onorario del Südtiroler Künstlerbund, del Südtiroler Burgeninstitut e del Tiroler Landesmuseum Ferdinandeum. Oltre a ciò l'Università di Innsbruck lo elesse senatore onorario e il Land Tirol lo insignì di un'onorificenza. Dopo la sua morte nel 1989 fu sepolto nella cripta da lui fatta costruire e decorare al cimitero di Bolzano.

All'inaugurazione di Castel Moos, quattro anni prima della sua scomparsa, Walther Amonn non poté partecipare per motivi di salute. Ai partecipanti alla cerimonia d'inaugurazione fece recapitare un testo di cui riportiamo un estratto qui di seguito.

Walther Amonn,
ritratto di Peter
Fellin (collezione
Walther Amonn)

Per me non è semplice esprimermi sul senso e sulla finalità della mia fondazione. Già dalla mia gioventù fui animato, oltre che dalla passione per il costruire, dalla gioia del collezionare. Non procedevo secondo uno schema predefinito, ma collezionavo tutti gli oggetti che mi piacevano per la loro conformazione artistica. Ben presto tuttavia l'arte, l'artigianato artistico e gli oggetti della cultura abitativa del nostro territorio iniziarono a svolgere un ruolo di primo piano. Questa mia passione è certamente riconducibile al fatto che spesso, durante la mia lunga vita, fui testimone di gravi pericoli per la nostra patria: le guerre mondiali, le dittature di Mussolini e Hitler e di conseguenza gli sfortunati accordi sulle opzioni hanno rappresentato serie minacce per la nostra terra e i suoi abitanti. È per questo motivo che il sottoscritto e tanti altri collezionisti iniziammo ad appassionarci per tutto ciò che era specificatamente tirolese. Cercammo quindi di salvare e preservare l'antico patrimonio culturale della nostra patria di cui i potenti del tempo volevano privarci. È così che nacque gradualmente una grande e significativa collezione che ho continuato ad ampliare e allargare anche dopo la guerra, concentrando il mio interesse in particolar modo sulla pittura contemporanea. Nel 1956 riuscii ad acquistare Castel Moos-Schulthaus, che al tempo era completamente in rovina. I lavori di restauro, che si protrassero dal 1958 al 1965, portarono alla luce affreschi e pannellature di grande pregio storico-artistico. Ebbi così la possibilità di utilizzare una parte delle mie collezioni per arredare e allestire con stile le tante e differenti stanze di questa dimora. L'arredo del castello ha sempre preso forma in armonia con tutti gli elementi costruttivi e gli oggetti presenti. Spesso mi sono trovato a spostare mobili, quadri o sculture per trovare la collocazione giusta. Se in un'epoca di grandi distruzioni e deturpazioni sono riuscito a offrire un piccolo contributo alla preservazione di valori culturali ed estetici, questa è la più grande soddisfazione che possa avere.

Dipinti di Carl Moser, Peter Fellin, Albin
Egger-Lienz, Gerhild Diesner (in senso orario)
della collezione Walther Amonn

Oggetti della collezione Walther Amonn (in senso orario): figura di ceramica di Maria Dellago, doppia croce con simboli della Passione, pellegrino con rosario in vetrina barocca, cofanetto di legno del 1773

Tavola cronologica

1299/1303 (dendrodatato)
Costruzione della casatorre come nucleo.

1309
Wolflin von Firmian vive in una *domus murata* per la quale corrisponde il censo al capitolo del duomo di Trento.

1423 (dendrodatato)
Aggiunta del corpo ovest, soltanto piano terra e primo piano.

Metà del XV secolo
Aggiunta del corpo sud-est fino al primo piano.

1465/70 (dendrodatato)
Il corpo ovest viene innalzato di un piano, contemporaneamente si realizzano le pitture murali.

1500 ca.
Il corpo sud-est viene innalzato di un piano.

1608
I fratelli Leonhard e David von Lanser vengono elevati al rango nobiliare con l'aggiunta del titolo »von Moos«.

1615 ca.
Castel Moos viene ereditato dalla famiglia von Schulthaus.

1850 ca.
Ignaz Benedikt von Schulthaus vende la proprietà a diversi contadini.

1956
Walther Amonn acquista il castello caduto in rovina e dispone un restauro a regola d'arte

1982
Creazione della Fondazione Walther Amonn.

1985
Inaugurazione di Castel Moos come museo.

2014
Il Südtiroler Burgensinstitut assume la gestione e l'amministrazione del castello.

Bibliografia

J. Weingartner, Bozner Burgen, Innsbruck 1922

J. Weingartner, Die Kunstdenkmäler des Etschlandes, vol. III, Vienna 1929

R. v. Granichstädten-Czerva, Überetsch (Eppan, Kaltern, Tramin, Girlan). Ritterburgen und Edelleute, Neustadt an der Aisch 1960

W. Amonn, Ansitz Schulthaus in Eppan, in: Der Schlern 39 (1965), 254–255

M. Frei, Der Katzen-Mäuse-Krieg in einer mittelalterlichen Wandmalerei im Ansitz Moos-Schulthaus (Eppan), in: Der Schlern 39 (1965), 353–359

B. Mahlknecht, Burgen, Ansitze und Schlösser in Eppan, Appiano 1978

Bitschnau, Burg und Adel in Tirol zwischen 1050 und 1300. Grundlagen zu ihrer Erforschung, Vienna 1983

S. Zadra, Schloss Moos-Schulthaus o. J.

P. G. Ippoliti OFM – P. A. M. Zatelli OFM, Archivi Principatus Tridentini Regesta, Sectio Latina (1027–1777). Guida a cura dei PP. F. Ghetta e R. Stenico vol. I, Trento 2001

Bauernhöfe in Südtirol. Bestandsaufnahmen 1940-1943. A cura di Helmut Stampfer. Vol. 5 Bozner Weinleiten, Überetsch und Etschtal, Bolzano 2004

Harald Wolter-von dem Knesebeck, Zahm und wild: Thematische Spannungsverhältnisse und ihre (topographische) Organisation. Die Wandmalereien des Jagdzimmers von Schloss Moos in Eppan, in: Literatur und Wandmalerei II. Konventionalität und Konversation. Burgdorfer Colloquium 2001. A cura di Eckart Conrad Lutz, Johanna Thali e René Wetzel, Tübingen 2005, 479–519

V. Hille, Die mittelalterlichen Wandmalereien auf Schloss Moos in Eppan, in: Der Schlern 87 (2013), quad. 7/8, 72–89

G. Riemann, Schloss Moos. Der Phallusbaum, in: Der Schlern 87 (2013), quad. 7/8, 90–100

M. Mittermair – C. Wolfgang, Eppan, Ansitz Moos-Schulthaus, Bauhistorischer Kurzbefund – resoconto gennaio 2016, manoscritto non pubblicato, Südtiroler Burgeninstitut.

1ª edizione 2016

© 2016 Verlag Schnell & Steiner GmbH
Leibnizstraße 13, D-93055 Regensburg
Composizione: typegerecht, Berlino
Stampato da:
Erhardi Druck GmbH, Regensburg

ISBN 978-3-7954-3011-5

Per informazioni sul nostro programma editoriale:
www.schnell-und-steiner.de

Informazione bibliografica della Deutsche Nationalbibliothek.
La Deutsche Nationalbibliothek registra questa pubblicazione nella Deutsche Nationalbibliografie; dati bibliografici dettagliati sono disponibili sul sito Internet http://dnb.dnb.de

Fotografie e immagini: pp. 2, 10 archivio fotografico dell'Ufficio Beni architettonici e artistici, Bolzano; p. 48 Provincia Autonoma di Bolzano – Alto Adige –Ufficio Informatica geografica e statistica; rilievo della costruzione, bandella: M. Mittermair – C. Wolfgang, Eppan, Ansitz Moos-Schulthaus, Bauhistorischer Kurzbefund – resoconto gennaio 2016, manoscritto non pubblicato, Südtiroler Burgeninstitut; retrocopertina interna: Roberto Codroico; tutte le altre fotografie appartengono al Dr. Peter Daldos, Spherea 3D

In copertina: veduta da est
Sulla retrocopertina: stanza della caccia, particolare della caccia al cervo
Bandella, all'esterno: stanza della caccia, particolare della guerra dei gatti e dei topi
Bandella, all'interno: rilievi della costruzione di M. Mittermair – C. Wolfgang 2016.

Alto Adige, terra di castelli

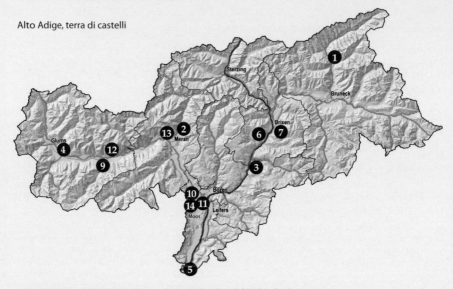

Nell'ambito della collana "Burgen" (Castelli) edita dal Südtiroler Burgeninstitut di Bolzano sono stati pubblicati:

Burgen 1°
Alexander von Hohenbühel
Taufers (2006)

Burgen 2°
Franz Spiegelfeld
Castel Schenna (2008)

Burgen 3°
Alexander von Hohenbühel
Trostburg (2008)

Burgen 4°
Helmut Stampfer
Castel Coira (2009)

Burgen 5°
Walter Landi
Haderburg (2010)

Burgen 6°
Leo Andergassen
Castel Velturno (2010)

Burgen 7°
Johann Kronbichler
La Hofburg di Bressanone (2010)

Burgen 9°
Leo Andergassen
Montani (2011)

Burgen 10°
Walter Landi,
Helmut Stampfer, Thomas Steppan
Castel d'Appiano (2011)

Burgen 11°
Leo Andergassen, Helmut Stampfer
Castel Firmiano (2014)

Burgen 12°
Leo Andergassen, Florian Hofer
Castelbello (2013)

Burgen 13°
Leo Andergassen
Castel Tirolo (2014)

Burgen 14°
Helmut Stampfer
Moos (2016)

Südtiroler Burgeninstitut
Piazza delle Erbe 25 · 39100 Bolzano
Tel./Fax 0471 982255
www.burgeninstitut.com